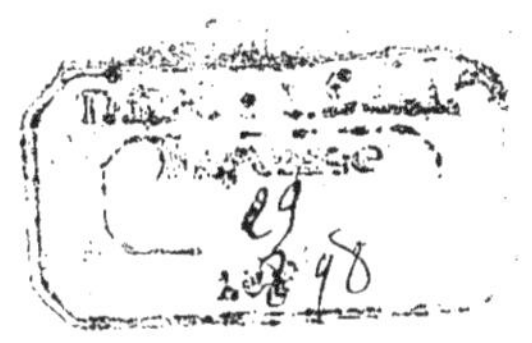

CONFÉRENCE DE HARLAY

Séance du 7 décembre 1897

LA NOUVELLE LOI

SUR

LA RÉFORME DE L'INSTRUCTION CRIMINELLE

DISCOURS DU PRÉSIDENT

PRONONCÉ PAR

GASTON de CHASSEY

Avocat à la Cour

LE

RÈGLEMENT A LA CONFÉRENCE DE HARLAY

DISCOURS DU SECRÉTAIRE

PRONONCÉ PAR

EDMOND SANDOZ

Avocat à la Cour

PARIS

A. CHEVALIER-MARESCQ ET Cie, ÉDITEURS

20, RUE SOUFFLOT, 20

1897

LA NOUVELLE LOI

SUR

LA RÉFORME DE L'INSTRUCTION CRIMINELLE

LE

RÈGLEMENT A LA CONFÉRENCE DE HARLAY

CONFÉRENCE DE HARLAY

Séance du 7 décembre 1897

LA NOUVELLE LOI

SUR

LA RÉFORME DE L'INSTRUCTION CRIMINELLE

DISCOURS DU PRÉSIDENT

PRONONCÉ PAR

GASTON de CHASSEY

Avocat à la Cour

LE

RÈGLEMENT A LA CONFÉRENCE DE HARLAY

DISCOURS DU SECRÉTAIRE

PRONONCÉ PAR

EDMOND SANDOZ

Avocat à la Cour

PARIS

A. CHEVALIER-MARESCQ ET Cie, ÉDITEURS

20, RUE SOUFFLOT, 20

1897

LA NOUVELLE LOI

SUR LA RÉFORME DE L'INSTRUCTION CRIMINELLE

Messieurs et chers confrères,

Une presse enthousiaste accueillait, il y a quelques jours à peine, le vote de la nouvelle loi sur la réforme de l'Instruction criminelle.

De grands mots étaient prononcés à la suite du rapporteur de la loi lui-même et les journalistes, sans distinction d'opinion, applaudissaient à la destruction de cette « vieille bastille » qui s'appelait l'Information secrète et inquisitoriale. *La question* avait vécu et une ère de liberté jusqu'alors inconnue, en dépit des mots gravés dans la pierre de tous nos monuments depuis 1789, allait s'ouvrir pour la France. *La question* oh ! rassurez-vous, ce n'est point celle qui demandait des tenailles rougies ou des ongles d'acier pour aller fouiller au fond des chairs sanglantes et arracher à la douleur des aveux mensongers, non, mais cette autre *question* modernisée et adoucie, gantée de velours, représentée par la prison préventive aggravée du secret, avec son cortège d'angoisses, ses mortelles inquiétudes, la torture morale en un mot avec le juge d'Instruction pour bourreau.

En lisant ces feuilles, mon souvenir se reportait involontairement à cette page bien connue de Michelet où sous des couleurs si frappantes il nous peint l'impression produite en Eu-

rope par la Révolution française : « Au fond des mers du Nord,
il y avait alors une bizarre et puissante créature, un homme,
non, un système, une scolastique vivante, hérissée, dure comme
un roc, un écueil taillé dans le granit de la Baltique. Toute phi-
losophie avait touché là, s'était brisée là. Et lui, immuable.
Nulle prise au monde extérieur. On l'appelait Emmanuel Kant,
lui, il s'appelait critique. Soixante ans durant, cet être tout abs-
trait, sans rapport humain, sortait juste à la même heure, et
sans parler à personne accomplissait pendant un nombre donné
de minutes précisément le même tour, comme on voit aux vieil-
les horloges des villes l'homme de fer sortir, battre l'heure et
puis rentrer. Chose étrange, les habitants de Kœnigsberg virent
(ce fut pour eux un signe des plus grands événements) cette
planète se déranger, quitter sa route séculaire. On le suivit, on
le vit marcher vers l'Ouest, vers la route par laquelle venait
le courrier de France ».

J'étais tenté moi aussi de rechercher les signes précurseurs
de la nouvelle révolution, de voir d'où partaient les coups qui
avaient ébranlé les murailles de cette seconde bastille, d'où
provenaient le souffle de liberté, le mouvement d'opinion
auxquels nous devions un événement si gros de conséquences !

Vous dirai-je que ma surprise fut extrême, quand rassemblant
mes plus lointains souvenirs et interrogeant de plus longues
expériences, je pus me convaincre que dans le monde judiciaire la réforme de l'instruction criminelle avait toujours été
attendue avec une indifférence presque complète et même avec
une sorte de dédain ; quand l'examen des travaux préparatoi-
res de cette loi m'apprit que depuis dix-huit printemps le projet de réforme dormait oublié dans la poussière des cartons
sans que nos représentants aient songé jusqu'à ce jour à
secouer des chaînes qui pesaient aussi lourdement sur tous !

Et maintenant que ce projet est devenu loi, alors que quel-

ques jours à peine peut-être, nous séparent de celui où elle
sera promulguée ; dans le milieu judiciaire qui est le nôtre et
qu'elle doit profondément bouleverser, quel calme profond,
quel contraste avec la joie délirante du dehors. On ne parle de
la loi nouvelle que pour signaler les difficultés d'exécution
qu'elle rencontrera, les impossibilités mêmes auxquelles elle
doit se heurter !

La presse moderne a de ces enthousiasmes d'un jour ; ils
durent d'autant moins qu'ils sout plus exagérés et ne sauraient
nous donner la mesure du mérite de la nouvelle loi. C'est donc
ailleurs, c'est dans son texte même et dans son esprit que je
puiserai les quelques réflexions que je veux vous soumettre.

L'Esprit de la loi nouvelle, messieurs, est facile à déterminer ;
les orateurs qui ont pris part à la discussion se sont attachés à
manifester leurs intentions d'une manière si formelle qu'aucun doute ne peut subsister à cet égard : « nous prenons des
précautions contre les juges d'Instruction » ont-ils répété à
diverses reprises ; « nous ne voulons plus des abus effroyables
qui se sont produits trop souvent. » C'est donc un sentiment
d'hostilité incontestable contre les magistrats instructeurs
qui a dicté la loi nouvelle.

En voulez-vous une preuve plus convaincante ? le projet
originaire et l'exposé des motifs vont vous la fournir : « en
procédant aux interrogatoires y est-il dit, les juges devront
éviter de poser des questions obscures, captieuses, à brûle-
pourpoint, ils suivront l'ordre des dates, constateront les preu-
ves à décharge, etc. » ; et plus loin : « les juges se garde-
ront d'interpréter les réponses sans donner le temps de les
rectifier, d'obtenir des aveux équivoques, d'infliger des tortures, de dénaturer les dépositions des témoins en dictant leurs
réponses dans un style qui n'est pas généralement celui dont
ils se sont servi, »

Ne croirait-on pas, messieurs, en lisant de semblables affirmations que les magistrats français « sont des gens sans conscience, capables de tendre des embûches aux inculpés, de se livrer comme de vulgaires tripoteurs d'affaires à des pratiques criminelles, de tromper par des questions insidieuses ceux que la loi place sous la protection de leur justice, d'en obtenir des aveux équivoques en les soumettant comme de malheureux patients à de véritables tortures morales. »

Pour l'honneur de notre pays, il faut protester contre ces allégations dont j'aurais scrupule de vous démontrer la fausseté. Mais il m'est bien permis de critiquer avec quelque amertume, après nombre d'éminents criminalistes ceux qui « en partageant ou semblant partager les injustes préventions d'une opinion qu'il serait plus sage d'éclairer, et d'instruire, que de louer publiquement, déconsidèrent leur pays en appelant le mépris public sur ses propres magistrats. »

La déconsidération est une cause de faiblesse pour celui qui en est la victime et nul ne saurait nier cependant que la sécurité plus ou moins grande d'une société dépende avant tout de l'autorité plus ou moins grande, plus ou moins incontestée de ses magistrats.

Il faudrait être aveugle, dit avec beaucoup de justesse M. Guillot dans son intéressant ouvrage sur l'Instruction criminelle, pour « ne pas voir qu'aujourd'hui le sécurité de la société court les plus graves périls ; le monde s'agite dans les convulsions dont nul ne peut prévoir le dénouement ; le respect des personnes et des choses n'existe plus, les croyances qui suppléaient à l'insuffisance de la loi humaine sont tournées en dérision ; ceux qui souffrent demandent à la violence la solution des questions sociales ; on ne peut plus compter sur l'opinion pour arrêter le débordement des mœurs. A peine une loi sur la liberté de la presse est-elle faite qu'il faut la modifier

pour que la rue ne soit pas infectée par des écrits orduriers ;
nous sommes obligés de chercher au delà des mers des déserts
assez vastes pour contenir la foule des malfaiteurs que nos
lois et nos prisons sont incapables de corriger ; les crimes autrefois légendaires deviennent l'événement de chaque jour,
leur contagion s'infiltre partout, par le reportage, par le
feuilleton, par le livre ; ils augmentent dans une proportion
effrayante ; on est obligé pour ne pas surcharger les Cours
d'assises de tourner la loi en correctionnalisant les affaires ; la
moyenne des individus arrêtés à Paris seulement dans le courant d'une année s'élève à 47.000 et la police, si l'on en croit
le rapport du chef de la sûreté, compte plus de 80.000 abjectes
créatures dont le métier est l'unique et infâme ressource
d'individus prêts à commettre tous les crimes. »

Est-ce à une semblable époque qu'il convenait de désar-
mer et d'affaiblir l'autorité du magistrat? Non, sans aucun
doute, Messieurs, et nous devons regretter que le législateur
de 1897 n'ait pas envisagé les réformes qu'il convenait d'ap-
porter au Code de 1808 en se plaçant à un point de vue plus
élevé ; nous devons regretter qu'il n'ait pas rejeté sur l'im-
perfection de la loi préexistante, plutôt que sur les juges char-
gés de l'appliquer, les imperfections et les lacunes qu'elle
renfermait.

Ces imperfections et ces lacunes, dans la procédure de
l'instruction criminelle, nul ne peut disconvenir qu'elles
étaient nombreuses, et nul ne pourrait davantage nier que
sur quelques points, la loi nouvelle ne contînt d'heureuses
innovations. Mais ces innovations, ou bien sont incomplètes,
ou bien dépassent le but qu'elles voulaient atteindre. La loi
porte la marque de la précipitation fébrile (les longues iner-
ties aboutissent aux brusqueries), de la nervosité même qui
a présidé au dernier vote et malheureusement aussi du parti-

pris qui, systématiquement, rejetait les amendements les plus
sages. Vous vous rappelez, Messieurs, la fable de l'Hirondelle
et des petits oiseaux, et le peu de succès des sages conseils
qu'en voyageuse expérimentée l'hirondelle prodiguait aux
jeunes étourdis :

> Les oisillons las de l'entendre
> Se mirent à jaser aussi confusément
> Que faisaient les Troyens quand la pauvre Cassandre
> Ouvrait la bouche seulement.

Ils trouvaient aux champs trop de quoi pour écouter de pru-
dentes paroles !

C'est notre histoire d'hier, Messieurs, et s'il n'y avait « pas
de graines au champ », les clameurs couvrant la voix de la
prudence avaient un autre motif, ou plutôt le même motif
exprimé sous une forme différente par l'un des orateurs : « il
était nécessaire de faire quelque chose pour donner satisfaction à l'opinion publique. »

Souhaitons, Messieurs, que la comparaison ne puisse se
poursuivre plus longtemps et que demain nous ne soyons pas
obligés de dire avec le fabuliste : « Il en prit aux uns comme
aux autres. »

L'un des plus graves et plus justes reproches fait au législateur de 1808 est de n'avoir pas interdit d'une manière ab·
solue le cumul des fonctions de magistrat instructeur avec
celle de juge. Cet oubli ne présente aucun inconvénient à
Paris où les besoins et les exigences des services correctionnel
et criminel ont fait établir une division complète entre ces
deux attributions, mais dans les tribunaux des 350 arrondis-
sements français, il arrive trop souvent qu'en raison du pe-
tit nombre de magistrats, le juge d'instruction concourt au
jugement des affaires qu'il a instruites, et l'on assiste alors
à ce spectacle étrange d'un magistrat qui a pris parti, qui a
rendu une ordonnance de renvoi, qui s'est prononcé par suite

sur la culpabilité du prévenu, et qui néanmoins siège comme juge et apprécie sa propre décision !

L'art. 1er de la loi nouvelle apporte une très heureuse modification sur ce point à la législation existante.

Art. 1er. — Le juge d'instruction ne peut concourir au jugement des affaires qu'il a instruite, et, Messieurs, je louerais sans mesure le législateur de 1897 d'avoir opéré cette réforme importante si le remède n'était pas insuffisant et s'il ne laissait point subsister cette inconciliable dualité d'attributions.

L'art. 1er de la loi nouvelle ne vise, en effet, qu'un seul cas, celui où il y a une instruction ouverte, un juge instructeur par conséquent.

Or, c'est là une exception.

Les affaires envoyées à l'instruction sont très peu nombreuses : il y en a 40.000 seulement d'après les données officielles, alors que les affaires qui viennent à l'audience sur citation directe du parquet s'élèvent à plus de 206.000. Or, dans ces dernières affaires, vous savez comment il est procédé : le juge suppléant attaché au parquet examine les procès-verbaux, apprécie la culpabilité, cite les inculpés en police correctionnelle, puis, après avoir rédigé les assignations et avoir pris ainsi parti dans l'affaire, au lieu d'aller au siège du procureur soutenir son accusation, ce suppléant va composer le tribunal et déclarer comme juge si, oui ou non, il a bien décidé comme substitut.

Le mal, vous le voyez, subsistera donc, à peine atténué, après la promulgation de la loi nouvelle.

Pourquoi cette inconséquence, alors qu'il était si facile de modifier la rédaction de l'art. 1er et de dire : « Le juge d'instruction ou le juge suppléant attaché au parquet ne peut concourir au jugement des affaires qu'il a instruites ou réglées. »

Les autres articles de la loi ne nous ménagent pas moins de surprises.

Ils se réfèrent aux mesures prises pour protéger la liberté individuelle en donnant une sanction à l'obligation d'interroger le prévenu arrêté dans un délai très court ; en limitant la durée de la mise au secret, enfin et surtout en décidant que l'instruction sera contradictoire.

La législation existante fait bien sans doute une obligation au juge d'interroger le prévenu soit immédiatement, soit dans les 24 heures suivant que le prévenu a été l'objet d'un mandat de comparution ou d'un mandat d'amener (a. 93 C. I. c.) mais le point de départ de ce délai de 24 heures n'est pas fixé dans la loi, de là des abus possibles.

Avec l'article 2 de la loi nouvelle plus de difficulté, c'est dans les 24 heures de l'entrée de l'inculpé dans la maison de dépôt ou d'arrêt qu'il doit être interrogé.

Et les paragraphes 2 et 3 donnent immédiatement la sanction de cette règle : à l'expiration du délai, l'inculpé sera conduit d'office et sans aucun nouveau délai par les soins du gardien chef devant le procureur de la République qui requerra du juge d'instruction l'interrogatoire immédiat. En cas de refus, d'absence ou d'empêchement dûment constaté du juge d'instruction, l'inculpé sera interrogé sans retard sur la réquisition du ministère public par le président du tribunal ou le juge qu'il désignera ; à défaut de quoi le procureur de la République ordonnera la mise en liberté immédiate de l'inculpé ; le tout sous menaces des peines portées aux art. 115 et 120 Code pénal pour attentats à la liberté.

C'est là un progrès incontestable dont nous devons savoir gré au législateur de 1897.

Mais ce sont là des réformes de détail auprès de celles dont je dois maintenant vous parler.

Pour les promoteurs de la loi, le juge d'instruction, s'il n'est pas l'agent du Parquet est cependant « l'homme du Parquet », il n'agit que d'après lui.

Ont-ils tout à fait tort ? écrivait il y a quelques mois dans la *Revue du Palais* l'un de nos confrères. Et il ajoutait : « quelle est la minute où le juge s'isole du procureur ? Le procureur saisit le juge. Le juge une fois saisi, le procureur s'en va-t-il ? S'il s'en va il revient vite. Lorsque le cas est grave, pour s'é-viter de revenir, il laisse au juge un substitut et alors il collabore : en accusant il instruit, il fait le dossier. Lorsqu'il ne le fait pas, il le regarde faire par dessus l'épaule du juge. Il monte chez le juge ou le juge descend chez lui : c'est un continuel échange de visites entre ces hommes qui ne devraient jamais se voir ; » et très spirituellement il conclut : « la loi nouvelle veut rétablir l'équilibre, l'accusation était installée dans le cabinet, la défense était dehors, soucieuse d'équité, elle n'a pas dit au procureur : prenez la peine de sortir, si elle a dit à l'avocat donnez-vous la peine d'entrer. Le juge avait une entrave, maintenant il en aura deux : elle espère que deux tyrannies feront une indépendance comme deux négations font une affirmation et l'on interrogera comme on est interrogé, entre deux gendarmes. »

Désormais en effet et du jour de la promulgation de la loi nouvelle le juge d'instruction ne pourra plus agir qu'en présence de l'avocat.

Seule la première comparution aura lieu sans l'intervention de ce dernier. Mais ne craignez point que pour cela la loi manque son effet, l'art. 3 est là pour vous rassurer :

« Lors de la première comparution le magistrat constate « l'identité de l'inculpé, lui fait connaître les faits qui lui « sont imputés et reçoit ses déclarations, après l'avoir averti « qu'il est libre de ne pas en faire.

Mention de cet avertissement est faite au procès-verbal.

Si l'inculpation est maintenue le magistrat donnera avis à l'inculpé de son droit de choisir un conseil parmi les avocats inscrits au tableau ou admis au stage ou parmi les avoués et à défaut de choix il lui en fera désigner un d'office si l'inculpé le demande. La désignation sera faite par le bâtonnier de l'ordre des avocats et dans le cas contraire par le président du tribunal.

Mention de cette formalité sera faite au procès-verbal.

Quelle mine féconde pour le crayon des Caran d'Ache et des Forain !

Vous représentez-vous tel ou tel juge d'instruction invitant aimablement le prévenu à s'asseoir et à lui répondre, mais lui tenant au préalable ce langage :

Si vous le préférez, monsieur, vous pouvez ne rien me dire, la loi vous donne le droit de garder le silence, s'il vous plaît ainsi, je vous rappellerai une autre fois et vous serez alors assisté de votre défenseur.

N'est-il pas à craindre que les prévenus ne prennent bonne note d'un encouragement officiel à une disposition déjà très naturelle et que, lors des comparutions suivantes, malgré la présence de leur avocat, ou peut-être même à cause de cette présence, ils se souviennent que si la parole est quelquefois d'argent le silence est toujours d'or !

Vous devinez, messieurs, qu'en présence de semblables difficultés les juges d'instruction pourraient être tentés de recourir à la mise au secret afin de se soustraire à de telles exigences, mais la loi a tout prévu et l'article 8 précise « que la mise au secret ou interdiction de communiquer ne s'appliquera jamais au conseil de l'inculpé » ; qu'elle ne pourra d'ailleurs dépasser 20 jours.

Envers et contre tout, le juge d'instruction devra donc accepter l'intervention d'un défenseur.

Art. 9. — « L'inculpé détenu ou libre ne peut être interrogé ou confronté, *à moins qu'il n'y renonce expressément* qu'en présence de son conseil ou lui dûment appelé.

Le conseil sera convoqué par lettre missive au moins 24 heures à l'avance.

Si la première qualité d'une loi, messieurs, est de pouvoir fonctionner, je crois pouvoir affirmer sans crainte d'être demain démenti par les faits que la loi d'hier est condamnée à ne pas vivre ?

Où trouvera-t-on dans les villes où il n'y a pas de barreau, et même à Paris, des avocats ou des avoués en nombre suffisant ou assez peu occupés pour passer leur temps dans le cabinet du juge d'instruction ; si flatteuse que puisse être cette collaboration à l'œuvre de la justice, ne la trouverons-nous pas bien ingrate ?

Qui de nous, messieurs, assumera volontiers la responsabilité très lourde qui résultera pour les avocats de leurs nouvelles fonctions ?

Le défenseur sera convoqué 24 heures à l'avance, dit l'article 9 ; mais s'il n'est pas libre au jour et à l'heure indiqués ? la détention préventive se trouvera prolongée par son fait, de plusieurs semaines peut-être ! La marche des affaires sera donc ralentie ; les prévenus souffriront les premiers de cet état de choses que trop souvent ils devront à leurs défenseurs

Ces difficultés déjà très grandes pour les affaires ordinaires deviendront sans nul doute insurmontables pour celles qu'au palais on nomme : les grosses affaires ; pour ma part, j'ai peine à me représenter un défenseur enfermé pendant des mois dans un cabinet d'instruction et j'aurais, je dois l'avouer en toute franchise, beaucoup plus de peine encore à être celui-là.

Mais enfin, je veux bien admettre pour un instant que le dévouement bien connu des avocats rende mes craintes chimériques et que chaque prévenu trouve toujours un défenseur prêt à répondre à chaque appel : je suis présent.

Quel sera son rôle dans le cabinet d'Instruction ?

« Le conseil, dit l'article 5, ne peut prendre la parole qu'après y avoir été autorisé par le magistrat. En cas de refus, mention de l'incident est faite au procès-verbal.

Dans son intéressant article sur la justice et le secret, notre confrère, M⁰ de St-Auban dont je citais tout à l'heure quelques lignes disait à ce sujet : « voyez-vous M⁰ Léon que tout le palais connaissait et dont tout le palais se souvient, enfermé plusieurs mois dans un cabinet d'instruction. Le seul aspect d'un dossier déchaînait ses instincts de défense, son œil bleu, un peu gros, lançait un sauvage éclair et la barre criait sous le heurt irrité de sa main. Quelle table d'instructeur eût longtemps résisté aux volées vengeresses de ses terribles coups de poing ? »

L'instinct et l'entraînement de la défense n'ont pas disparu avec M⁰ Léon. Ils donneront lieu, nul ne peut en douter, à des incidents sans nombre.

« L'avocat ne pourra exercer son contrôle sans provoquer des discussions, et si le juge, ainsi qu'il en a le droit, lui refuse la parole ce sera pis encore. La reproduction des dépositions donnera lieu à des controverses ; averti par une réflexion de son avocat l'inculpé cherchera à contester ou à retirer ses déclarations compromettantes ; le juge certain de ce qu'il aura entendu et noté voudra maintenir sa dictée ; il y aura deux versions entre lesquelles il faudra choisir : le magistrat pris à parti se défendra, il deviendra avocat lui-même. » Ne peut-on pas craindre, a dit M. Guillot dans l'ouvrage que j'ai plusieurs fois cité « que dans ces luttes irritantes le magistrat ne perde quelque chose de cette modération, de cette impartialité si précieuse pour les inculpés. »

Il semble, messieurs, que ce danger aurait été conjuré si la loi nouvelle eût rendu la présence du ministère public obligatoire pendant l'Instruction au même titre que celle du défenseur. Le juge aurait alors conservé son véritable caractère ; l'instruction serait vraiment devenue publique; une discussion utile aurait fait jaillir la lumière.

La méthode contradictoire, telle que la comprend la loi nouvelle, paraît au contraire plus favorable à la fraude qu'à la découverte loyale de la vérité. Car non seulement l'avocat pourra assister à tous les interrogatoires sans aucune exception, mais aux termes de l'*art. 10* « la procédure devra être mise à la disposition du conseil la veille de chaque interrogatoire que l'inculpé doit subir. »

Ainsi l'inculpé pourra la veille de l'interrogatoire combiner ses réponses avec son conseil, préparer, à l'aide des pièces, un système de défense sans contradiction avec les documents écrits qui si souvent trahissent le mensonge et livrent le coupable. Et cela, messieurs, il le pourra avec le plus honnête des défenseurs ! L'interrogatoire dans de telles conditions ne pourra plus avoir aucune garantie de sincérité. Et puis, messieurs; la marche d'une information ne peut se régler ainsi à l'avance, parfois il faut agir sur l'heure, constater un fait, saisir un document. Comment procédera le juge obligé de prévenir le défenseur et d'attendre sa présence ?

Et quel ne sera pas souvent l'embarras de ce dernier, quand le dossier lui aura révélé un renseignement compromettant révélé l'intérêt qu'il y aurait à faire disparaître cette pièce, à prévenir un témoin ou un complice ?

Il est à craindre, messieurs, que la trop grande facilité donne naissance à des faits regrettables, il est à craindre du moins, c'est le mot de l'un des orateurs qui ont pris part à la discussion : « qu'aux nobles privilèges de la libre parole à l'audience vienne toujours se mêler le soupçon de je ne sais quelle préparation sournoise et occulte ».

Ce n'est pas tout, messieurs, il y a les influences de la presse, cette formidable puissance, parfois si mal employée et toujours dangereuse, lorsqu'empiétant sur les attributions judiciaires, elle forme autour des procès cette atmosphère morale (pardonnez-moi cette incorrection, elle a été faite par d'autres avant moi) qui trop souvent porte le trouble dans l'âme des jurés et même des juges et qui obscurcit pour eux la vérité.

Aujourd'hui cependant un respectueux silence enveloppe la cellule bien close du magistrat instructeur. Les reporters aux écoutes ne reçoivent que de loin en loin de minimes confidences, elles suffisent, vous le savez, à donner naissance à une hypothèse.

Cette hypothèse le lendemain se change en certitude, un courant d'opinion est créé et ce mouvement qu'un mot suffit à faire naître ne s'arrête plus ensuite devant les affirmations les plus autorisées, devant les documents les plus irréfutables. Est-ce faire injure Messieurs aux membres du Barreau, de supposer que demain les indiscrétions seront plus graves et plus nombreuses? Les avocats connaîtront tous les dossiers, ils assisteront à tous les interrogatoires ; la tentation de l'interwiew n'en séduira-t-elle aucun ?

A cette question délicate, je vous répondrai avec M. Henri Blanc : « il faut tout prévoir, même les infractions aux règles imposées par la discipline du Barreau. Il faut prévoir que les complices non arrêtés pourront, grâce à la lecture des feuilles quotidiennes, connaître toutes les phases de l'information, connaître les pièces compromettantes et apprécier le moment opportun de franchir la frontière ».

Que résultera-t-il de tout cela ? Le parquet cherchera à tourner la loi, il cherchera à questionner le prévenu dans le mystère, à créer le dossier dans l'ombre, à fuir les contrôles dont l'éveil monterait une faction.

L'article 16 du Code Ins. Crim. servira à merveille ses desseins : il aura recours à la *police* : « au lieu de saisir un juge, il saisira un commissaire et lorsque la poursuite franchira la porte du juge, les aveux seront écrits, les témoignages signés, et le juge, un peu ridicule, arrivera trop tard comme le carabinier ».

Vous en savez assez maintenant, Messieurs, pour comprendre mes critiques et mes réserves.

Le code de 1808 pouvait être rendu très acceptable sans qu'il fut besoin d'innovations aussi hardies. Les intérêts de la défense eussent été satisfaits si le législateur de 1857 s'était contenté de donner aux défenseurs un droit de réquisition égal à celui du ministère public, s'il s'était contenté de prescrire son assistance au dernier interrogatoire, avec communication du dossier cinq jours auparavant, enfin s'il lui avait permis de combattre les réquisitions du parquet par des réquisions écrites, et au besoin de demander de nouveaux actes d'instruction.

Avant de terminer, Messieurs, permettez-moi une dernière observation : la loi nouvelle semble ignorer la liberté provisoire, dont elle ne prononce même pas le nom. Demain comme aujourd'hui, il dépendra donc toujours de la seule autorité du magistrat instructeur, sans appel possible devant aucun tribunal, de conserver sous les verroux celui que d'un trait de plume il a arraché à sa famille et à ses affaires. Et, par une inconséquence extraordinaire, ce pouvoir absolu qui a soulevé de si vives protestations et en haine duquel a été faite la loi nouvelle, n'en ressent en réalité aucune atteinte !

Messieurs, j'ai pensé que je pouvais, sans me déclarer ennemi du progrès, discuter librement devant vous la valeur de la réforme nouvelle ; mais je n'aurais garde, si le pouvoir m'en était donné, d'immobiliser mes contemporains dans une vénération intolérante des institutions actuelles et de me tenir, gardien jaloux, à la porte du temple sacré, prêt à frapper le profane assez osé pour en franchir le seuil

La loi nouvelle marque, j'en suis convaincu, le premier pas dans la voie d'utiles réformes, de réformes nécessaires. Elle a voulu contribuer à la défense des droits individuels et à l'affermissement des libertés publiques.

Le but était louable et difficile à atteindre, j'excuse la faiblesse en faveur du courage et n'oublie point quelle vérité profonde renferment les paroles d'un éminent publiciste contemporain : la liberté est si sainte et si douce que je la prendrais de quelque main qu'elle sorte : je serais heureux de la devoir à un Washington : elle me réconcilierait avec un Stuart et j'en saurais même gré à un Cromwel s'il pouvait me la donner.

LE RÈGLEMENT

A

LA CONFÉRENCE DE HARLAY

(7 décembre 1897)

LE RÈGLEMENT A LA CONFÉRENCE DE HARLAY

(7 décembre 1897)

Messieurs et chers confrères,

Le mystère exerce sur notre âme une attraction souvent peu justifiée, mais puissante au point de rendre acceptables les sujets les plus arides, et c'est bien dans un champ de découvertes éminemment mystérieux que je vais vous conduire ce soir, à l'occasion de cette séance de rentrée.

Le mystère : il domine la constitution même de notre conférence ! Rappelez-vous, en effet, la tradition que, sous forme de conte bleu, chaque année, à nos premières réunions, les anciens transmettent fidèlement aux nouveaux venus. Malgré son luxe de détails, poétiques plutôt que vraisemblables, malgré sa couleur orientale, chacun l'accepte avec une foi naïve, et celui qui, dans les récentes recherches nécessitées par l'objet de son travail, vient de perdre cette foi, celui-là subit encore le charme du récit qu'on lui fit naguère et tient à le redire ici comme un hommage dernier à la croyance qu'il va briser.

Tout au fond, veut cette croyance, d'un quadruple coffret de cèdre précieux, orné de pierreries et défendu par quatre fermoirs d'or ciselé, chefs d'œuvre de multiples complications, repose à tout jamais, loin des yeux, loin du monde, sur un lit odorant de pétales frais encore, par miracle... un vieux parchemin couvert de signes cabalistiques et d'enluminures...

incompréhensibles : c'est le règlement de la conférence de Harlay. Chacun des membres du bureau détient l'une des quatre clefs du coffret, et le seul article du règlement dont la teneur ait transpiré parmi nous, leur prescrit de ne s'en dessaisir jamais et leur défend comme un sacrilège, d'introduire ces clefs en leurs fermoirs respectifs, dans les circonstances, trop rares, où tous ces quatre dignitaires se trouvent réunis.

C'est là, messieurs, je vous l'ai fait pressentir déjà, un récit d'où l'imagination n'est point exclue : c'est la Légende.

La réalité, comme toujours, est moins belle ; mais il faut que vous la connaissiez, puisqu'aussi bien, nous sommes ici pour faire œuvre sérieuse de vulgarisation et de Critique.

Le règlement existe ; je tiens à l'affirmer bien haut, pour convaincre tous ceux qui ne l'ont jamais vu. Comme dans la légende, il est renfermé en un coffret, et, je précise, en un coffret de bois Mais ici s'arrête la similitude des deux versions. Le bois du coffret est simple, et de l'essence la plus vulgaire ; les pierres précieuses et l'or n'y donnent d'éclat que par leur absence et la simplicité touchante de la fermeture désarmerait un récidiviste de l'effraction.

Cette simplicité se retrouve dans l'aspect du règlement lui-même : point de parchemin, point de vaines arabesques, point d'ornements superflus, mais un cachet bien moderne d'honnête imprimé. Sa couche fleurie s'est envolée de l'essor des illusions flétries au vent de la Critique, et c'est dans la promiscuité d'un désordre auquel l'art est étranger, que notre règlement gît, au fond du coffre, pêle-mêle avec de menues fournitures de bureau et des pièces de menue monnaie aussi, qui représentent trop souvent l'avoir pécuniaire de la Conférence. Archives, bibliothèque, coffre-fort, que sais-je encore... cette pauvre cassette est tout notre bien.

Elle nous semble précieuse pourtant, puisqu'elle est la châsse vénérée, l'arche sainte où repose, avec un peu de l'âme des Traditions, l'exemplaire, unique aujourd'hui, de notre règlement.

Tel qu'il apparaît en réalité, ce règlement, nous l'allons parcourir et vous verrez que, pour avoir perdu l'extérieur pompeux dont la fiction se plaisait à l'orner, pour ne plus se révéler à nous dans un décor des *Mille et une Nuits*, il n'en reste pas moins riche encore de toute la sagesse que nos devanciers surent y dépenser, riche en manifestations d'expérience, de tact, de finesse : perles rares, ici nombreuses, que nous découvrirons ensemble.

Vous n'attendez pas de moi un exposé didactique et grave, une sorte de « cours » sur le règlement : j'en serais incapable au sortir de ces vacances qui ne sont point encore oubliées. Mais laissez-moi — en une irrégularité de développement qui, par contraste, doit rendre plus saisissante la superbe ordonnance des discussions juridiques auxquelles vous allez bientôt nous habituer — laissez-moi causer avec vous, tout simplement, du sujet qui nous occupe. Et si des expressions pompeuses parfois ou dithyrambiques à l'excès me viennent aux lèvres, ne les attribuez qu'à la noblesse même de ce sujet, écrasant pour qui le traite, parce qu'il défie l'hyperbole et reste au-dessus de tous les panégyriques.

Je veux d'abord, au hasard de la rencontre, m'arrêter aux passages les plus frappants, et puis je veux aussi, pour finir, apprécier, par les résultats obtenus, la valeur de cette Constitution qui nous régit.

« La Conférence de Harlay, dispose l'art. 1er, est fondée « pour discuter des questions de doctrine et de jurispru-« dence. »

On ne saurait mieux dire en moins de mots, et chacun peut

entrevoir, dès la première ligne, quels vastes horizons juridiques nous ouvre l'ampleur de cette formule : c'est le domaine du Droit tout entier qu'elle promet sans restriction à votre éloquente activité ; aucune des controverses qui passionnent l'Ecole et le Palais ne nous restent fermées, et ceci suffirait à montrer dans quel esprit de large compréhension est conçu le règlement.

Ce sont des questions d'ordre beaucoup moins élevé que règlent les deux articles suivants, et je vous les livre sans commentaires superflus, vous laissant le soin de déterminer dans quelle mesure nous en sommes restés les fidèles observateurs.

« La Conférence, dit l'un de ces textes, se réunit le mardi « de chaque semaine, à huit heures et demie *précises* du soir. »

J'arriverai tout à l'heure aux sanctions établies pour cet article. Et l'autre dispose que :

« La conférence reprend chaque année ses travaux, le deu-« xième mardi de *novembre*. »

Nous sommes en « décembre » : pardonnez au Bureau, pour ma franchise, cette première dérogation au Code qu'il a charge de faire respecter.

Ces réunions du mardi soir se tiennent dans une des salles d'audience du Palais.

Après avoir transporté ses pénates en une foule de locaux successifs : non point, certes, par esprit d'aventure ni par inconstance ; mais toujours chassée par la pioche des démolisseurs, ou par la truelle du maçon qui poursuit concurremment avec celle de l'Opéra-Comique, la reconstitution du Palais de Justice, après avoir tenu ses séances, il y a dix ans, dans la salle de la troisième Chambre de la Cour et hier encore dans celle de la septième, c'est en la quatrième Chambre du Tribunal que, cette année, la conférence faillit élire domicile, et de fait, a élu domicile (pour ce soir tout au moins).

Et pour ces lambris, accoutumés déjà aux discussions juridiques, mais spécialisées en la matière des accidents : accidents de la rue, de l'atelier, ou de la vie conjugale, ç'eût été une surprise, un enseignement, si l'on croit à l'âme des choses, que de prêter leur asile aux débats si vastes et si variés que suppose le texte étendu de notre article fondamental.

Le sort, qui préside aux destinées des salles d'audience comme à toutes choses, n'a pas voulu qu'il en fût ainsi, et, pour des considérations d'équité d'un ordre tout spécial, sur lesquelles le Bureau doit rester discret, c'est la Salle des Référés qui l'a emporté, dans cette compétition, toute courtoise. Nous devrions nous y trouver aujourd'hui ; qui sait où nous serons demain ? Ici même peut-être.

Après cet aperçu de l'organisation matérielle de notre conférence, occupons-nous maintenant, si vous le voulez bien, de ceux qui la fréquentent.

Si démocratique que soit notre règle, elle établit dans le sein de la conférence, des catégories : on y distingue en effet : les membres honoraires et ceux qui ne le sont *pas encore*. C'est dire que la perspective de se voir conférer l'honorariat, couronnement envié d'une longue assiduité à nos séances, reste ouverte aux plus modestes ambitions. Nombreux sont les candidats, mais tout aussi nombreuses les admissions.

Comment caractériser le membre honoraire ? Mille détails significatifs le désignent à l'attention des initiés. On le reconnaît, en général, à sa démarche, plus solennelle sous le poids de sa dignité, à son front, plus grave des préoccupations qu'apportent les gros procès, à la pratique plus haute, enfin, de toutes les vertus professionnelles dont il fit à nos séances, un plus long apprentissage. Un dernier trait, pour vous éclairer sur l'obéissance aveugle du membre honoraire à tout ce qu'il croit être la tradition ; son respect pour le règlement, que, d'ailleurs, il connaît... par intuition, mais non autrement, est immense. Persuadé, bien à tort, je suis à même de l'affirmer, qu'un article spécial de ce règlement lui interdit l'accès de nos séances, il s'arrête parfois sur le seuil, attiré, mais il ne le franchit jamais. Puissè-je avoir démontré l'inanité de ce scrupule, à l'origine duquel il nous faut rendre hommage.

Situation enviée, vous disais-je, que celle de membre honoraire, et pourtant ce ne doit pas être, j'imagine, sans quelques regrets, sans quelque émotion n'est-ce pas? qu'on cesse toute participation active à nos travaux ; c'est un peu de temps que les nécessités de la vie absorbent encore, un peu de sa jeunesse aussi qu'on abandonne en nous quittant, fût-ce pour sortir par la porte de l'honorariat.

Nous sommes jeunes, en effet, plus jeunes parfois qu'il n'est possible de l'être au barreau, si j'en crois l'article VI qui, dans sa haute sagesse, admettant tous les zèles, mais sans renoncer pour autant à entourer la discussion de garanties, ouvre la conférence à « tout étudiant », pourvu « qu'il ait « terminé au moins sa première année de droit ».

Une question s'impose ici, toute d'actualité. Supposons qu'une *étudiante* se présente hardiment aux suffrages de la conférence? Les membres du Bureau ne devront-ils pas lui opposer une fin de non recevoir tirée de la nature même de ses charmes? — Le point de droit est délicat et nécessite une distinction.

J'estime, pour ma part, que le mot « étudiant », d'une masculinité très nette et peu susceptible de deux interprétations si... divergentes, ne permettrait pas d'admettre la jeune intéressée.

Mais la solution devrait être différente, je le crois, s'il ne s'agissait plus d'une simple « étudiante ». Car la récipiendaire rentrerait bien alors dans la formule très générale sous laquelle l'article VI, au 1er paragraphe, désigne les postulants qui ont dit adieu aux bancs de l'Ecole de Droit : « Toute personne désirant entrer à la conférence. »

Le mot : « personne » (choisi à dessein, comme, vous le savez, tous ceux qui composent un texte), est neutre et laisse donc libre accès parmi nous aux confrères de l'un et de l'autre sexe... quand il en existera.

Admirez, en passant, l'esprit de seconde vue qui semble avoir présidé à la confection du règlement, à une époque barbare, où le vieux brocard semblait encore applicable, que « robe sur robe ne vaut ».

Quoiqu'il en soit, d'ailleurs, de cette controverse sur un point spécial, quelles sont les formalités qui entourent l'admission d'un nouveau membre ? Elles nous apparaissent peu compliquées. Lisons le dernier paragraphe de l'article VI : « Il est procédé au vote sur l'admission, séance tenante, par assis et levé. »

Le souci de la vérité historique m'oblige à vous indiquer que des habitudes d'indolence physique dont les racines sont profondes dans la nature de l'intellectuel, ont fait remplacer ce mode de votation, qui mettait en mouvement la personne toute entière, par le simple vote à mains levées. Mais l'enthousiasme ne perd rien à cette pratique très justifiée, et c'est toujours dans un « beau geste » que la conférence sait faire accueil aux jeunes juristes qui viennent à elle : qu'importe le reste !

Régnant sur les membres actifs, mais sans pouvoir précis sur les membres honoraires, c'est le Bureau qui s'offre maintenant à nos investigations ; ce Bureau qu'on accusa longtemps d'être le promoteur de la Légende et d'avoir celé le Règlement pour vous opprimer sans contrôle ! J'espère, par le choix tout spontané de ce sujet, l'avoir lavé, dans l'avenir, de cette imputation : une telle noirceur n'entre ni dans nos vues, ni dans notre âme.

L'âme du bureau, c'est son Président ! Le plus bel éloge de la fonction consisterait à citer les noms des « personnages » qui l'ont occupée. Mais la modestie de ces illustres devanciers nous en saurait mauvais gré et j'aurai fait de celle-là et de ceux-ci une appréciation méritée et suffisante pour les caractériser, quand j'aurai dit, répétant un mot fameux, qu'on ne sait trop, chez nous, qui, de l'homme ou de la fonction, retire le plus d'honneur du choix qui les associe.

Le talent de parole, l'esprit d'à propos, le tact subtil, l'attitude imposante aussi, l'austérité de la vie, même et surtout le culte de la solution juste : ce sont là — avec quelques autres — les qualités les plus ordinaires de nos Présidents. Il leur faut tout cela, pour diriger avec autorité nos débats et pour manier avec sagesse les pouvoirs qu'ils tiennent du Règlement, comme des foudres : destinées, si c'était nécessaire, à rayer le ciel orageux de la discussion, mais qui se rouillent faute d'être employées. Le Président, en effet, dit l'article XXII : « dirige et « clôt la discussion générale. Il rappelle à l'ordre les mem- « bres qui s'écarteraient des convenances.

« Il peut, en outre, provoquer un vote de censure et même « un vote d'expulsion contre un membre de la Conférence ».

J'aurais laissé de côté, comme négligeables, ces sanctions toutes platoniques que jamais né méritèrent les membres de la Conférence, si je n'avais voulu, par la divulgation des pouvoirs qu'il détient, augmenter encore à vos yeux, si c'était possible, le prestige de notre premier magistrat.

Le Règlement n'en fait point, du reste, un dictateur. Il est juste de faire remarquer que l'article XXIII renferme ses pouvoirs dans une limite raisonnable, conforme aux pratiques parlementaires : « Lorsqu'il y aura lieu à un vote d'expulsion,

« tous les membres de la conférence devront être prévenus
« par lettre, avec invitation de se trouver à la séance suivante,
« à laquelle il sera procédé au vote. Cette expulsion ne pourra
« d'ailleurs, être prononcée qu'à la majorité des 3/4 des mem-
« bres présents ».

Au dessous du Président, l'ordre des hiérarchies place immédiatement le Vice-Président. Le fardeau qui lui incombe,
dans la répartition du travail, serait écrasant si celui qu'il a
charge de suppléer, à l'occasion ne mettait tous ses soins à
l'alléger, dans de notables proportions, par l'assiduité et la
puissance de labeur qu'il apporte à ses propres fonctions : de
telle sorte qu'en pratique, le Vice-Président parvient à remplir sa tâche sans qu'il soit nécessaire de lui désigner à son
tour un suppléant. Dans le cas, pourtant, où il faudrait en arri-
ver là, c'est sur l'un des deux autres membres du Bureau que
retomberait le périlleux honneur de la présidence d'un soir.

Le Trésorier y semble naturellement préparé par la délica-
tesse même de ses fonctions. Ah ! Messieurs, quel esprit fertile
en ingéniosités, quel cœur intrépide aussi sont indispensables
à celui qui brigue la charge de Trésorier. Celui-là, il entre en
lutte contre la nonchalance et l'oubli : ennemis plus terribles
et plus insaisissables que la mauvaise volonté. Comme Her-
cule, au carrefour formé par le sentier épineux de la vertu et
la grand'route charmante du vice, il faut qu'il se décide : avec
cette aggravation qu'il doit, en quelque sorte, prendre à tra-
vers champs parce que l'un comme l'autre des deux partis
extrêmes lui serait funeste, au même degré :

S'attirer des haines de jurisconsultes, ! par la vigilance toute
fiscale du fonctionnaire à l'affût de recouvrements toujours en-
trevus dans un rêve perpétuellement fugitif, ou courir à la
banqueroute par son indolence à nous obséder de rappels
discrets, dans la chasse aux cotisations oubliées : dangereuse

situation, double écueil, également infranchissable pour le pilote qui ne saurait louvoyer habilement, sur la barque légère de nos finances.

Moins de qualités — par bonheur ! — sont requises pour être secrétaire. Que celui ci sache lire et écrire ; qu'il soit laborieux, surtout, et de caractère accommodant : voilà ce qu'on exige de lui.

C'est — il faut bien le dire — un peu le souffre-douleur des autres membres du bureau, qui se déchargent volontiers sur lui de la besogne ingrate, et facile..... que son dévouement à la Conférence lui rend d'ailleurs attrayante. Il ne brille, pour ce déshérité du Règlement, qu'un seul beau jour : celui du discours qu'une fois l'an, vous lui faites l'honneur de venir écouter. Mais comme — pour le prononcer — il ne peut attendre la fin de l'année judiciaire, c'est par avance, vous le voyez, que votre secrétaire en est réduit à se plaindre, doucement, et à rêver les palmes du martyre, que nul, d'ailleurs, ne voudra lui décerner. Souffrez que je le rende, maintenant, à l'ombre de ses modestes fonctions, pous passer à l'étude, plus intéressante mille fois, de la partie du Règlement qui organise les travaux de la Conférence.

Sans m'attarder à toutes les prescriptions qui fixent minutieusement le cours normal d'une de nos séanees, et que la pratique a rendu familières parmi nous, je vous signalerai seulement celles de nos Règles qui sont moins connues parce qu'elles ont trait à des incidents peu communs — ou qui méritent plus particulièrement de fixer l'attention parce qu'elles éclairent la nature de nos discussions.

La plus importante aux yeux du Bureau, tombée en désuétude, mais qu'il projette, m'a-t-on dit, d'appliquer rigoureusement cette année, est contenue en l'article X, ainsi conçu : « Chacun des membres de la Conférence est tenu, à

« *peine d'une amende de deux francs* (un franc par question!)
« de présenter (pour composer le rôle) deux sujets de dis-
« cussion. »

Vous êtes donc priés, mes chers confrères, de considérer
cette lecture comme une mise en demeure directe et nul
doute que les questions dont notre rôle va s'enrichir, sous la
menace de cette sanction réglementaire, ne soient nombreuses
et passionnantes ; le Bureau vous en remercie d'avance.

J'ajoute qu'il est d'usage que la place du ministère public
soit réservée sur chacune de ces questions, s'il le désire, à
celui qui l'a proposée.

Puisque nous parlons du ministère public, apprenez que
l'article XIV lui confère une prérogative dont l'exactitude des
orateurs, à la barre, ne lui permet presque jamais de se pré-
valoir : c'est à lui qu'en « cas d'absence d'un des orateurs »,
revient l'honneur de le remplacer. S'il doit précisément conclure contre celui-là, c'est une occasion précieuse que lui four-
nit le règlement de s'exercer, au même lieu et dans le même
« traict de temps », comme disent les anciens auteurs, à soutenir le pour, puis le contre. Rien ne lui défend même... que sa
conscience, et c'est assez ! de se faire la partie belle pour le ré-
quisitoire qui suivra.

Autre question délicate, souvent et vivement controversée :
si, par hasard — un règlement doit tout prévoir — aucun des
membres présents ne se faisait inscrire de lui-même pour
remplir un des rôles à venir, et qu'il fallût recourir à la voie
du sort, qui donc, parmi les assistants pourrait à bon droit se
dire excepté du tirage. Avec l'article XXIII, je tranche victo-
rieusement la controverse : « les orateurs qui auront pris la
parole dans la séance sont *seuls* exceptés ». Aucune autre
excuse ne serait donc admise.

Voici encore un paragraphe peu connu, de l'article XI :

« Une seule réplique est permise aux orateurs de l'affirmative
et de la négative. »

Je vous signale cette disposition à titre de pure curiosité,
parce que, devant l'acharnement des adversaires à défendre
chacun la cause qu'il croit bonne, il a toujours été impossible
au Président, malgré l'autorité dont il jouit, de faire observer
le règlement sur ce point.

On a vu des orateurs, s'emparant tour à tour de la barre
par des répliques successives, prolonger nos séances jusqu'à
l'extrême limite, dans l'élan de deux argumentations parallèles
et intermittentes, où la riposte « du tac au tac » augmentait
encore la chaleur du débat : phrase d'armes brillante de
deux adversaires qui ne se ménagent ni les coups droits ni les
surprises.

Cette passion n'est pas pour nous déplaire, malgré l'infraction, légère, au règlement, et certains de ces tournois brillants
ont laissé le souvenir des plus beaux soirs de la conférence.
Néanmoins, comme les meilleures choses, la passion dans le
débat doit avoir un terme et, pour conserver à la discussion
générale par laquelle se termine la séance, le caractère de
calme qui convient à l'élaboration d'une sentence, l'article XV
dispose sagement que : « les orateurs qui ont plaidé la question, ne peuvent prendre part à la discussion générale ».

J'ai parlé de « sentence » ; c'est qu'alors, vous êtes des
« juges », et je n'en veux d'autre preuve que la nécessité où
vous met l'article suivant de donner vos conclusions : les
développant, ou les motivant, par « attendus » ou par « consi-
dérants » : de telle sorte que l'opinion d'un membre de la conférence de Harlay se rapproche, à ne point s'en distinguer,
quant à la forme, de celles des décisions de justice qui sont
le mieux rendues ; de telle sorte aussi qu'un étranger, intro-
duit à ce moment dans la conférence, ne saurait manquer

d'être frappé par l'attention scrupuleuse que chacun apporte, au cours des débats, et durant sa magistrature temporaire, à retenir les raisons de décider qui lui semblent dignes de faire cortège à son dispositif.

Une pratique qui, pour n'être pas réglementaire n'en est pas moins fortement établie, place entre les plaidoiries et les réquisitions du ministère public, une courte suspension de séance, consacrée, pour les assistants, à se recueillir, à s'interroger, dans la paix de la conscience, à méditer silencieusement le pour et le contre des questions traitées à la barre. Lorsque ces questions sont complexes... la suspension se prolonge...

Seul, s'y fait entendre, parfois, le choc des hallebardes ou autres engins de destruction que, devant la porte, des hommes de guerre font sonner sur la dalle, pour affirmer, avec leur présence, la sécurité qui donne tant de charme à nos réunions. Garde sévère, qui veille sans répit, soupçonneuse, aux heures de trouble jusqu'à chercher le collet noir du conspirateur dans les paisibles silhouettes des excellents citoyens qui fréquentent nos réunions du soir. Mais l'innocence triomphe des interrogatoires les plus insidieux, et jamais factionnaire ne sut faire reculer un membre de la conférence se rendant à la séance.

Inaccessibles aux bruits du dehors, nous le sommes aussi à ces bruyantes manifestations qui s'élèvent du sein de certaines assemblées tumultueuses. Une jurisprudence constante proscrit chez nous les applaudissements, et cette tradition s'explique fort bien : soit que les anciens dont nous la tenons, aient craint, par optimisme, la libre expansion de l'enthousiasme à coup sûr trop éclatant, qui fût venu troubler dans un repos bien gagné, les échos du vieux Palais endormi, soit qu'ils aient voulu, par là, psychologues subtils, enlever à la modestie de vos orateurs l'occasion d'attribuer à l'amitié seule, des marques d'admiration que, seul aussi, le délire d'une assemblée conquise eût soulevées.

J'ai écarté *de plano*, l'opinion, inacceptable, des sceptiques pour lesquels cette prohibition de tous applaudissements, bien digne d'être mise en lumière, ne procéderait que du souci d'épargner à chacun des contradicteurs, dans les soirées froides de l'hiver ou à l'époque du dégel, le regret sincère d'être seul pour manifester à l'autre son approbation.

J'en arrive, Messieurs, à l'examen de la partie la plus délicate du Réglement : ce sont les articles 17 à 21, inclusivement, placés sous la rubrique : « Discipline » ; et j'ose à peine vous en entretenir.... Car s'il est vrai que la Discipline fasse « la force principale des armées », il n'est pas moins certain que dans l'acceptation stricte du mot, elle présente, pour le monde du Palais moins d'avantages et moins de charmes, en même temps qu'elle rencontre des difficultés d'application insurmontables vis-à-vis de gens de robe, dont l'indépendance est l'apanage, et qui se montrent à bon droit fiers et jaloux de cette indépendance.

Aussi n'est-il point étonnant que, d'elles-mêmes, toutes les prescriptions de ce chapitre sévère soient tombées en désuétude : non pas que la Règle ait cessé d'être observée, mais parce que les sanctions prescrites n'avaient pas lieu d'être appliquées.... sans doute et parce qu'en tout cas, elles se heurtaient à ces habitudes de liberté qui nous sont chères et qui rendent facile l'accomplissement de nos obligations pourvu qu'elles ne soient pas imposées en termes comminatoires. La spontanéité dans le devoir : c'est le charme de notre profession.

Quant au caractère de ces sanctions, il reste presque toujours le même, vous l'allez voir : on frappait à la bourse, autrefois, à la conférence de Harlay et, dans cette fin de siècle que l'on accuse, avec raison souvent, d'attacher une importance trop exclusive aux questions d'argent, il était intéressant de faire remarquer l'abandon par votre bureau de cette source de revenus.

D'ailleurs, si les rédacteurs du Règlement ont pu se méprendre — qui donc est infaillible ? — en établissant ces pénalités, il convient de s'incliner devant le soin minutieux, devant la modération aussi, qu'ils apportèrent à en fixer le tarif. Ecoutez plutôt : voici le régime sous lequel ont vécu vos devanciers et dont vous êtes affranchis : toutes les catégories d'infractions y sont prévues :

Article 18. — « Tout membre absent qui n'a pas adressé « une excuse écrite et jugée valable, encourt une amende de « 0 fr. 50 c.

« S'il arrive après l'appel fait au commencement de chaque « séance, l'amende est de 0 fr. 25 c. *Les amendes sont doublées* « *lorsque l'absent est membre du bureau* ». (Ce paragraphe naturellement, ne reçut jamais la moindre application). Une « amende de 0 fr. 25 c. sera infligée également à celui qui, « sans excuse jugée valable par le Président, partira avant la « fin de la séance. » (Le Président puise donc implicitement dans ce texte, le droit d'interpeller les membres qui s'apprêteraient à sortir au cours de la séance.

Autre remarque de détail : la valeur du numéraire ayant considérablement baissé depuis la rédaction du Règlement, il s'ensuit, ne l'oublions pas, que ces pénalités étaient alors beaucoup plus effrayantes qu'elles ne peuvent nous le paraitre aujourd'hui).

Je continue ma lecture :

Article 19. — « Tout membre absent à une séance où il doit « prendre la parole, sans avoir adressé une excuse écrite et

« jugée valable, et sans s'être fait remplacer, encourt une
« amende (Encore !) de 3 francs.

Article 20. — « Aucune excuse n'est admise, si elle n'est
« adressée, par écrit au président, et si elle n'arrive avant
« l'ouverture de la séance.

Article 21. — (Celui-ci est draconien !). « Tout membre qui
« aura manqué à trois séances consécutives sans excuse écrite
« et jugée valable (Ce sont toujours les deux conditions « sine
« quà non » de recevabilité), sera invité par le secrétaire à
« fournir les motifs de son absence, *et à acquitter les amendes*
« *qu'il a encourues*. Faute par lui de répondre à cette *invita-*
« *tion*, il sera réputé démissionnaire. Il ne pourra être rétabli
« sur la liste des membres de la conférence que par une dé-
« libération spéciale du Bureau ».

Voilà, Messieurs, je vous l'ai dit, quelle était autrefois,
et voilà qu'elle sera peut-être dans l'avenir, sous le règne
d'un bureau moins débonnaire, la discipline à la Conférence
de Harlay : Caton l'ancien n'en eût pas désavoué l'inflexi-
bilité !

Ce n'étaient point là, d'ailleurs, vaines menaces, rigueurs
jamais appliquées ; mais toutes les mesures, au contraire,
étaient prises, dans un esprit de prévoyance raffinée, pour en
assurer l'effet. L'article XVII énonce que :

« Tout membre doit, au commencement de chaque ses-
« sion, verser un cautionnement de 5 fr., en garantie du
« payement des amendes qu'il pourra encourir. »

Est-il besoin de le dire : où s'en allèrent les amendes, aux
gémonies des rigueurs inutiles, des rigueurs condamnées,
s'en fut aussi le cautionnement : nul, je crois, n'aurait souvenir, ici, de l'avoir versé.

Grâce à l'heureuse disposition du règlement qui, fort ha-
bile, pour demeurer aimable en sa fin, comme en son début,

dissimule ses épines dans le fourré des textes intermédiaires, nous avons la bonne fortune d'en pouvoir terminer l'examen sur un autre sujet que l'énumération attristante de ces pénalités qui, vous le sentez bien, ne vous seront point appliquées.

Le dernier chapitre, en effet, traite des « Séances d'administration » et le sujet n'a rien en soi de sévère ; je serais même tenté de dire, si je ne craignais l'exagération, qu'il jette parmi les autres une « note gaie. »

Les séances d'administration, en effet, ont toujours été des réunions... souriantes. L'air qu'on y respire semble plus léger, sans doute parce que l'esprit, libre, ce jour-là, des entraves de la discussion abstraite, se délasse complaisamment dans un ordre d'idées qui confine à la fantaisie, à l'enjouement même, tout de finesse et de bon aloi.

La dignité de la Conférence, pour ne pas dire sa « gravité », ne perd rien, d'ailleurs, à cette exubérance d'un soir, parce qu'on ne peut condamner cette détente intellectuelle nécessaire à notre âge, je parle des membres actifs, après une longue suite de débats purement juridiques, et, parce qu'il faut bien le dire aussi, il existe une sorte de grâce d'état, en cette matière, pour les séances d'administration.

Marquant, en général, les périodes extrêmes de l'année judiciaire, elles participent ainsi de la fraîcheur des aurores et du charme de certains déclins ; l' « étoile » de la conférence s'y lève, chaque année, pour y finir sa course, au seuil des vacances. Et l'on conçoit, et l'on excuse, par la force des choses du Palais, miroir des harmonies de la nature, on excuse les mots joyeux qui saluent cette étoile, comme la gaîté qui célèbre l'approche des vacances. Une bonne séance d'administration ne doit pas être morose : le règlement est muet à cet égard, mais c'est la Tradition qui le veut ainsi.

D'autres raisons encore, au surplus, contribuent à bannir de certaines séances d'administration, toute pensée chagrine. Ce sont les surprises, parfois charmantes, du bulletin de vote, lorsqu'on procède au renouvellement du Bureau ; c'est la satisfaction du devoir accompli chez les membres sortants ; la fierté bien légitime des nouveaux élus ; c'est l'enthousiasme de tous ; c'est la perspective enfin de cette soirée de gala qui, selon la tradition, toujours, doit réunir une dernière fois, en dehors du Palais, les membres de la Conférence revêtus de leurs habits de fête !

Et le Règlement lui-même semble avoir voulu s'associer à la bonne humeur générale, lui fournir d'autres éléments encore, *égayer* à son tour, disons le mot, les séances d'administration en les choisissant entre toutes pour servir à la discussion des réformes pui pourraient lui être apportées.

C'est que, dès l'abord, l'idée seule fait sourire : des modifications à un « monument » si sage, si parfait, que notre jurisprudence journalière se charge si bien, d'ailleurs, de compléter... quand elle n'y supplée pas tout-à-fait ! n'est-ce point une dérision ? Non, Messieurs : les derniers articles du règlement prévoient, en termes exprès, le cas où des projets de réformes viendraient à se produire ; et c'est bien un nouveau signe de sa perfection que cette défiance de sa propre impeccabilité.

Aussi, lorsqu'un novateur se présente, avec une motion originale, ou hardie, ou même utile, c'est encore une joie nouvelle que de voir l'aisance avec laquelle le vieux règlement sait triompher de l' « esprit nouveau » : il déjoue toutes les tentatives de réformes... Mais, il faut bien le dire, grâce, tout d'abord, aux embûches savantes qu'il sème, sans scrupule, sous les pas de l'audacieux réformateur.

Celui-ci, avec la chaleur des convictions sérieuses, développe sa thèse, « oralement », comme en nos séances de toutes les semaines et lorsqu'il a fini de parler, plein d'espoir, croyant avoir gagné la partie contre son vénérable adversaire, une ligne de celui-ci suffit à le mettre en déroute.

On lui apprend, d'ordinaire en levant cette séance d'administration en dehors de laquelle ses conclusions ne seront plus recevables, que le règlement s'oppose « à la prise en considération de toute proposition de réforme » qui n'aurait pas été faite par écrit, signée, et déposée entre les mains du Président, au début de la séance. C'est l'article XXV ; vous croyez le posséder maintenant ; mais, vous le verrez, on s'y laisse toujours prendre.

Et, plus fort de sa victoire nouvelle, glorieux, infrangible, le Règlement se perpétue... Je me souviens ici de cet exemple que des philosophes pleins d'imagination ont donné, pour rendre un peu plus accessible aux profanes, le concept d'éternité :

Dans les nues, se perd la cime d'un rocher immense ; une fois par siècle, un aigle passe qui, de son aile, effleure, le granit. Et le frôlement de cette aile aura usé le roc mille fois jusqu'à sa base, avant qu'un seul instant de l'Eternité soit révolu.

Souhaitons qu'*un* de ces instants, tout au moins, s'écoule, avant que ne tombe le règlement de la Conférence de Harlay !

Il me reste, pour conclure, à apprécier, en quelques mots, les résultats obtenus par la Conférence sous la Constitution que vous lui connaissez maintenant. Ces résultats sont-ils heureux ? Répondent ils au but poursuivi ?

Je ne parle pas du but « immédiat », de celui qu'énonce l'article Ier : il est clair que, chaque semaine, nous discutons ici « des sujets de doctrine ou de jurisprudence ». Mais il est d'autres avantages, moins directs, moins précis, plus précieux peut-être, qu'on a coutume de chercher dans la fréquentation d'une conférence comme la nôtre, et je ne crains pas d'avancer qu'ils ne nous font point défaut.

C'est d'abord l'accoutumance à la plaidoirie proprement dite, la préparation aux luttes de la barre. Et comment rêver meilleure école que celle-ci, qui nous place debout sous la robe, à cette barre même, devant des juges aussi, en face d'un adversaire, enfin, de deux adversaires quelquefois, lorsqu'on doit lutter contre l'organe du ministère public?

C'est l'audience, dans tous ses détails, moins la présence de l'huissier et celle des miséreux que la douceur de la température y rassemble ; c'est l'audience, mais une audience bienveillante, sympathique, où tout concourt à soutenir les premiers pas de l'orateur, au lieu de paralyser son élan.

Il faudrait, ce que je ne puis faire ici, déterminer successivement chacune des difficultés, si complexes, de la plaidoirie, pour montrer qu'à chacune aussi, l'organisation de la Conférence apporte un remède... lorsqu'elle ne la supprime pas dans sa source.

C'est beaucoup, déjà, et pourtant ce n'est point encore assez. En dehors de la Cour et du Tribunal, où l'on plaide, il existe, au Palais, une autre enceinte, purement *confraternelle*, dont la pensée préoccupe beaucoup de jeunes avocats, et dans laquelle beaucoup aussi de ceux-là, hésitent à se faire entendre.

C'est qu'il faut une préparation d'un genre un peu spécial, pour prendre part utilement aux Travaux de la Conférence des Avocats et cette préparation, nécessaire, est une des principales raisons d'exister de ces « Petites Conférences », comme on les nomme qui, de tous les coins du Palais, viennent alimenter la « Grande », d'orateurs, ou de sécrétaires.

Eh bien, soyez-en sûrs : notre « Petite Conférence » n'est

pas la moins abondante, de ces sources vives qui confluent vers la rivière de toutes les éloquences, et c'est parfois avec les allures impétueuses d'un torrent, qu'elle y déborde.

Je ne voudrais pas ici faire de statistique. Mais qu'il me soit permis de rappeler, entr'autres, la corrélation étroite, nous l'avons constaté récemment, qui semble exister entre les fauteuils de notre présidence et certains sièges hauts de la Salle des criées. Qu'il me soit permis, aussi, d'exprimer l'espoir, bien vif, que les meubles vénérables dont s'agit n'auront point perdu, pour l'avenir, cette vertu particulière qui les anime, comme si quelque bonne fée avait présidé à leur assemblage.

La « bonne fée », ici, c'est la Conférence elle-même, avec l'esprit qui la guide, avec les traditions qui l'honorent, avec son règlement, enfin. Bonne fée !, ou plutôt, souffrez cette image un peu familière : je me la figure volontiers, pour nous tous, sous les traits d'une aimable grand'mère. Et je ne la vieillis pas pour les besoins de ma comparaison : elle est née vers 1845, nous apprend l'intitulé du règlement, et, comme d'autres ! elles aurait pu, déjà, célébrer son jubilé.

La Conférence des avocats, elle, serait plutôt la grande dame, un peu froide, à l'abord difficile parfois. Tandis que la Conférence de Harlay reste accueillante et bonne pour tous ses enfants — et par cela seul qu'ils sont de la famille — ce qui double le prix de sa douceur !

Véritable « famille », en effet, que la nôtre, dans cette « grande famille judiciaire » dont on parle tant, et qui n'est en réalité qu'un « monde », étranger et troublant pour le nouveau venu.

Dans nos réunions — et ceci est encore un des avantages les plus appréciables qu'elles nous procurent — chacun apprend à connaître, à estimer, par suite, ceux qui, toutes les semaines, se retrouvent à ses côtés, dans une intimité charmante, et studieuse néanmoins. Peut-être, même, est-ce à cause de ces travaux en commun auxquels notre profession nous a peu habitués — dans la solitude des recherches personnelles — que nous savons si bien apprécier l'attrait de nos séances.

On s'y trouve « réunis » un peu comme au cours, comme au collège, comme à l'école, autrefois, et c'est sans doute aussi pour cela, qu'arrivés à un âge où les sympathies sont moins promptes déjà, on se crée pourtant, ici, des relations affectueuses ; on y rencontre, dans une réminiscence de première jeunesse, des amitiés sûres, des amitiés dont je dirai seulement et je ne puis les placer plus haut, qu'elles sont nouvelles, et qu'elles semblent, à tous deux, lointaines.

Arrivant ainsi au terme de mon sujet, craignant même de l'avoir dépassé, le choix que j'en ai fait m'inspire des scrupules, qu'il vous est permis de trouver tardifs :

Cette divulgation du règlement était-elle bien utile ? Nous vivions si bien sans le connaître, nous avions si peu besoin de ses prescriptions !

Peut-être en ai-je énervé la force ? en déchirant le voile mystérieux qui permettait au bureau de s'abriter, en tout état de cause, derrière des articles inconnus !

Peut-être aussi ai-je amoindri l'œuvre de nos devanciers, en l'éclairant à la lueur d'une curiosité sacrilège et maladroite ? Je me suis efforcé, cependant, vous me rendrez cette justice, de la porter au pinacle. Mais c'est toujours une réalité décevante, que celle d'un mythe qui prend corps, dans l'écroulement d'une légende !

Et puis, n'ai-je point, surtout, enfreint la Tradition, car c'était bien une tradition, à la de Harlay, que cette ignorance du règlement !

Peut-être ai-je fait tout cela, et je m'en excuse. Mais je suis arrivé, d'autre part, à cette conclusion, bien faite pour nous enchanter, et que chacun de vous a déjà déduite :

Nous possédons, à la conférence de Harlay, une constitution si parfaite, si merveilleusemeut *adæquate* à nos besoins, à nos goûts, que, de nous-mêmes, tout naturellement, et *sans la connaître*, nous nous y conformons..... à moins encore, au contraire, que nous ne la suivions jamais, sans que, pour cela. cependant, personne s'aperçoive de cette infraction perpétuelle !

Et co serait bion là le but idéal, cher à notre indépendance : être assez sages pour vivre sans Règlement ou avec un fantôme de Règlement.

En tout cas nul ne se plaint, chez nous ! A la conférence de Harlay, on trouve encore des gens satisfaits du régime qu'ils se sont donné.

C'est là une constatation peu banale, aujourd'hui. Il a son prix, l'état d'âme qui s'en dégage ! Et si le Règlement a pu nous être prétexte à prendre conscience de notre force et de notre bonne fortune, c'en doit être assez pour mériter un peu de notre reconnaissance.

Laval. — Imprimerie Parisienne L. BARNÉOUD et Cⁱᵉ.